서정시학 서정시 110

잎, 잎, 잎

이기철 시집

서정시학

이기철

경남 거창 출생.

1972년 『현대문학』으로 등단.

시집: 『청산행』, 『지상에서 부르고 싶은 노래』, 『열하를 향하여』, 『유리의 나날』, 『내가 만난 사람은 모두 아름다웠다』, 『사람과 함께 이 길을 걸었네』 등 다수.

에세이집 : 『손수건에 싼 편지』

저서: 『시학』, 『분단기 문학사의 시각』, 『인간주의 비평을 위하여』 등 다수.

수상: 김수영문학상, 시와시학상, 최계락문학상, 아림예술상, 대구광역시 문화상(문학부문) 등.

현재: 영남대 명예교수

서정시학 서정시 110
잎, 잎, 잎

펴낸날 | 2011년 10월 20일 초판 1쇄

지은이 | 이기철
펴낸이 | 김구슬
펴낸곳 | 서정시학
편 집 | 최진자 · 인차래
인 쇄 | 서정문화

주 소 | 서울시 성북구 동선동 1가 48 백옥빌딩 6층
전 화 | 02-928-7016
팩 스 | 02-922-7017
이메일 | poemq@dreamwiz.com
출판등록 | 209-07-99337
계좌번호 | 070101-04-038256(국민은행)

ISBN 978-89-94824-38-3 03810

값 9,000원

*이 책의 판권은 지은이와 도서출판 서정시학에 있습니다.
 양측의 서면 동의 없이 무단 전재 및 복제를 금합니다.

　　오래 서 있어 이제 앉는 것을 잊어버린 절벽
이 푸른 광목 폭포를 내려보낸다

　　내려올 수도 올라갈 수도 없는 소나무 하나가
그만 떨어지고 싶은 바위 하나를 절벽 위에서
꽉 움켜쥐고 있다

—「파랗다」부분

봄과 가을의 시

시인의 말

　극서정시는 극미極微의 서정시를 지향한다. 언어로 씌어진 미니멀 포엠이다.

　사람들이 잊고 있는 사물, 망각 속에 파묻힌 시간, 힘겹게 찾지 않으면 보이지 않는 미세한 생활의 파편들, 끊임없이 반추한 사념들.

　극서정시는 쌀알에 우주를 그려 넣는 미세화의 작업이다. 바래져 가는 서정에 색동옷을 입히는 수공手工이다. 별빛으로 수채화를 그리는 공정이다.

　독자에게서 멀어져가는 시를 독자의 가슴에 단추처럼 달아두려는 극진한 희원. 미려한 언어의 추구에는 반짝이는 아침이슬이 맺혀 있다. 극서정은 그래서 내가 선택한 또 하나의 시작방법이다.

　　　　　　　이천십일년 시월에

◨ 차 례 ◨

시인의 말 / 7

제1부 봄 시

잎, 잎, 잎 / 15
마음 / 16
벚나무는 내가 심지 않았습니다 / 17
봄소식 / 18
시 읽는 시간 / 19
도랑물 / 20
나비 / 21
너의 식목 / 22
채송화 / 23
우리 어린 그리움에겐 무얼 선물해야 하나 / 24
술 ─ 낭만이 그리운 날의 노래 / 25
파랗다 / 28
언덕노랑제비꽃 / 29
색동 하루 / 30
복사꽃 / 31
6월 / 32
색에 대한 명상 / 33

참새 / 34

만년필 / 35

목요일엔 나비가 놀러온다 / 36

꽃들은 피어난다 / 37

이슬 / 38

시집 놓인 책상 / 39

소망 25 / 40

채송화가 부르는 여덟 가지 말 / 41

제2부 가을 시

사랑하는 사람은 시월에 죽는다 / 45

노을 시간에는 문둥이라도 되어보아야 한다 / 46

작고 가볍고 고요하고 여린 / 47

혼자 / 48

열매 / 49

고요 / 50

오후 3시 / 51

작명作名 / 52

 단풍잎 하나 / 53

시 한 줄에 입맞추다 / 54

화가에게 / 55

얼음 / 56

낙화 일순 / 57

열매 떨어지는 소리는 지상의 악기소리다 / 58

암소 / 59

버들잎 이불 / 60

처서處暑 / 61

다시 인생 / 62

행복 / 63

슬픔에 대한 예의 / 64

고독이라는 말 / 65

아름다운 풍경 / 66

새들이 아침을 데리고 온다 / 67

나무의 시간 / 68

◈ 해설 ◈ 삼라만상과 일체를 이루는 시에 대한 꿈 - 이승하 / 69

제1부 봄 시

잎, 잎, 잎

우리 부르는 이름 가운데 가장 보드라운 이름은 몇 켤레나 될까요

풀잎이 백 켤레의 신발을 신고 건너간 풀밭에는 하나의 발자국도 찍혀 있지 않습니다

옷 갈아입지 않은 데도 늘 새 옷인 잎들이 또 다림질한 하루를 당겨옵니다

너무 깨끗한 몸들이 서로의 이름을 불러주어 그 해의 가장 아름다운 아침이 열립니다

누군가가 잎이라 불렀기에 나도 그를 따라 잎이라 부릅니다

부르다보면 어느덧 내 몸이 풀잎이 됩니다

함께 가자 말 안 했는데 또 하루를 데려다 놓고 풀잎은 풀잎대로 길 떠나고 돌아옵니다

풀잎 외에 다른 이름으로는 도저히 부를 수 없는 풀잎

잎새는 잎새끼리 모여서 삽니다

잎, 잎, 잎, 그들의 살닿음이 천국인 이유입니다

마음

마음 위엔
누가 불어주고 간 저녁 휘파람이 있다

마음 위엔
방금 내려 마르지 않은 이슬방울이 있다

마음 위엔
마음이 못 만나고 돌아간 마음이 있다

마음 위엔
나와 소꿉놀이하던 옛날

제 일생 한 벌 뿐일 잠자리의 날개를
증오도 없이 찢었던 유년이 있다

벚나무는 내가 심지 않았습니다

 벚나무는 내가 심지 않았습니다 그러니 내게는 아무 잘못도 없습니다
 내게 잘못이 있다면 자주 손 흔들어 남쪽을 가리킨 일뿐입니다
 벚꽃의 화사를 탐해 들판 끝을 혼자서 서성인 것뿐입니다
 궁금하거든 벚나무한테 물어보십시오
 그러나 행여라도 수천 페이지 벚나무의 책을 다 읽으려고는 마십시오
 머리말 읽는 동안 봄이 나비 등을 타고 가버릴 것입니다
 벚나무가 저질러 놓은 것이 봄의 찬란이라고 나무란다 해도 나는 반성할 게 없습니다
 벚나무는 내가 심지 않았습니다

봄소식

읽던 편지 마저 읽는 사이
무릎 아래에까지 와 있는 봄
내일이나 모레쯤 바라보려고 미루었던 산에
발진티푸스처럼 돋아나는 아지랑이들
양은솥 뚜껑처럼 바글거리며 올라오는 새 움들, 새 싹들
서귀 해안쯤에서나 따뜻한 커피 한 잔 하고 있는가 했더니
어느새 쫓아와 섬돌을 갉아대는 햇살들

시 읽는 시간

시는 녹색 대문에서 울리는 초인종 소리를 낸다
시는 맑은 영혼을 담은 풀벌레 소리를 낸다
누구의 생인들 한 편의 시 아닌 사람 있으랴
그가 걸어온 길 그가 든 수저 소리
그가 열었던 창의 커튼 그가 만졌던 생각들이
실타래 실타래로 모여 마침내 한 편의 시가 된다
누가 시를 읽으며 내일을 근심하랴
누가 시를 읽으며 적금통장을 생각하랴
첫 구절에서는 풀피리 소리 둘째 구절에서는 동요 한 구절
마지막 구절에서는 교향곡으로 넘실대는 싯발들
행마다 영혼이 지나가는 발자국 소리들
나를 적시고 너를 적시는
초록 위를 뛰어다니는 이슬방울들

도랑물

봄 한 동이 전하려고 산의 심부름 나온 도랑물
저 어린 것이 절벽을 알 리 있나
또랑또랑 뛰어내리다 발가락을 다쳤다
이 동네 저 동네 길을 묻다가
돌아갈 길을 몰라 눈물이 그렁그렁하다
종이편지는 젖어서 못 가져가고
가랑잎 편지 두어 장 들고 가는 도랑물
저 짜랑짜랑한 목소리에 씻겨
산새 울음이 바늘 끝 같다
네 살 떼어 붉은 꽃 만드는 나무도 있으련만
여리고 아파라, 저 하얀 맨발
아직도 참꽃 뿌리를 만지며 놀고 싶은 도랑물
저렇게 천천히 가면 강까지는 일생이 걸리겠다

나비

라는 소책자는 내 금서목록에 올라 있다
그의 책은 소리내어 읽어서는 안 된다
그의 날개에 쓰인 행간은
모두 점자로만 읽어야 한다
나비, 라는 책자는
전염성이 강한 불온문서다
바지랑대에 앉아서 하루를 펴는 책
첫 페이지를 읽다가 나는 한 해 봄을 다 보내버렸다

너의 식목

가슴속에 너를 식목한 날은
마음이 온종일 유리병처럼 반짝거린다
이 세상 가장 뒤쪽은 어디인가
나는 아무도 꺼내볼 수 없는 뒤쪽에 너를 심는다
너는 때로 보석이었다가 때로 넝마이었다가
때론 석영이었다가 때론 진흙이었다가,
너는 나의 안이고 바깥이었다가
나의 영원이고 수유였다가,
내를 건너다 문득 생각나는 이름처럼
내를 건너면 홀연 잊어버리는 이름처럼
너를 심고 너를 꽃피울 내 깊은 어느 곳
오늘은 어떤 삽날도 닿지 못할 깊은 뒤쪽에
형언의 삽으로 너를 심나니

채송화

잡기장을 찢어 쓴 비뚤비뚤한 연필 글씨에는
그 애의 머리카락 냄새가 난다
그 말을 쓰려고 그 애는 스무 번은 망설였을 것이다
그 애의 입술이 동그랗게 읽은 말이 여기까지 오느라
발이 아플 것이다
봉투를 뜯자마자 채송화씨가 쏟아져 나온다
아니다, 그 애의 숨소리가 쏟아져 나온다
아니다, 자박자박 그 애의 맨발이 걸어나온다
안 볼 때 내 마음속 서른 바퀴를 돌고 간 그 애가

우리 어린 그리움에겐 무얼 선물해야 하나

그리움은 연두가 초록으로 가는 길목 같아서
실낱같이 와서 실낱같이 가는 발자국 소리 같아서
보고 싶음은 누가 낮게 울고 간 흔적 같아서
그럴 적 내 눈시울도 조금은 젖어서

우리 어린 그리움에겐 무슨 선물을 해야 하나
조금만 세게 집어도 터지고 마는
앵두 딸기 오디를 접시에 담아주고 싶어서
동화책 들고 와 제 혼자 읽다 가는
봄비 몇 송이 우엉 잎에 싸 주고 싶어서

보고 싶음은 혼자이고
그리움은 여럿이어서
지금은 상추 잎 씻어 어린 그리움과
오순도순 밥 먹고 싶어서

술
- 낭만이 그리운 날의 노래

패배한 자들이 없다면 이 세상을 누가 사랑하리
애끊어 밤하늘을 사랑하는 자는 누구나 패배를 가꾸어 온 사람이다
술잔의 향그러운 입술을 모른다면 흐린 삶을 달랠 줄 모르는 사람이다

그대 발자국 남보다 한 걸음 앞섰다 한들 그와 너의 거리는 기껏 신발 두 켤레 길인 것을

나는 그리움과 회한을 안고 서툰 걸음으로 이 길을 걸어왔다
들풀 만나고 비비새 울고 이슬 내리고 서리 맺힌 길 위에서
나는 발가벗은 몸으로 이 세상 고샅 고샅을 정신의 거지로 떠밀려 왔다

머리카락에 스미는 별의 수효를 세었다
잉크병 깨뜨려 길 위에 시 썼다
고통이 애인처럼 다가오면 풀꽃을 꺾어 물 위에 던졌다
나락이 천상보다 그리우면 갈증의 잔에 술을 채웠다

풀꽃에 이름 부르는 일 시진해지면
놀 아래 울음 남기고 죽은 사슴을 따라가고 싶었다
안 오는 사람이 그리울 때면 바람에게 말 걸고

나보다 먼저 이 세상 딛고 간 사람의 생애가 궁금해지면
낮은 처마 아래 아이 하나 낳아 인구에 보탰다

누가 부질없다 하랴
지는 해 손으로 당겨 와 그 붉음 옷깃에 물들이던 일
어제를 잊지 않으려 밤새워 핏빛 일기를 쓰던 일
생각만으론 세상 한복판으로
내 가진 적금통장, 내 지닌 지폐 다발을 흩뿌리던 일

그러나 얼마만한 기쁨인가
내 앞에 아직도 가야 할 길 남아 있다는 일은

새 울고 간 하늘의 고요한 푸르름이
물소리가 씻고 간 사원 뒤뜰의 평화가
그립다 말하기 전의 모든 그리움을
다만 그립다고 말하는 순간의 술잔의 친화

사랑 미움 애환 탄식, 주소 국가 학교 이념
 그 위에 군림하는 것이 한잔 술임을 아는 자 마침내 승리하리니!

 술 없이는 너는 결코 네 시대를 건너가지 못하리

탕자의 생애를 회억하는 일은 아름다운 폐허를 찬양하는 일
사랑하라, 너의 삶을 수식하던 분칠한 언어를 버리고
너의 인생을 호도하던 화려한 의상을 벗어버리고
사랑하라, 너의 날을, 너의 시대를, 너의 애인을
그리고 넘치는 너의 술잔을!

파랗다

 산에 살아 몸이 파래진 메아리 하나가 이 산에서 저 산으로 산을 밟고 건너간다

 너무 오래 마을을 내려다보아 낯이 파래진 도라지꽃이 막내딸처럼 핀다

 오래 서 있어 이제 앉는 것을 잊어버린 절벽이 푸른 광목 폭포를 내려보낸다

 내려올 수도 올라갈 수도 없는 소나무 하나가 그만 떨어지고 싶은 바위 하나를 절벽 위에서 꽉 움켜쥐고 있다

 하늘이 파란 천막을 펼쳐놓고 강물이 파래진 몸을 뒤척이며 어디론가 가고 있다

언덕노랑제비꽃

생각이 화사한 것들은 저리도 고요하고 깊어서
부리마다 가득가득 씨앗을 담아놓고 있습니다
한 번 핌이 천 년이어서 한 언덕이 모두 노랗습니다
제 몸이 아름다움임을 미리 안 풀꽃의 예지가 저리도 눈부십니다
아무도 여기 와서 화장을 고치지 않습니다
여기 와 그들이 흠뻑 물드는 것이
햇빛 아래서의 가장 빛나는 아름다움 아니겠는지요
한 바람에도 수천의 꽃이 함께 눕는 것 보입니까
한 구름에도 수천의 얼굴이 함께 어두워지는 것 보입니까
돌멩이 뒹구는 이 언덕이 이렇게 빛나는 한때를 지녔다는 일이
어느 가슴에 영원으로 새겨질 것입니다
그 기다림이 내 가슴에 더운 피를 돌게 하는군요
나는 이렇게 아름다운 이름을 그냥 부를 수 없어서
백 길 가슴속에 그의 씨앗 한 송이를 심어놓습니다
벌써 내년이 내 가슴에 화안히 피어나고 있습니다

색동 하루

나비들이 가끔 반 년짜리 셋방을 얻으러 오는 마을에 나는 사네

나뭇가지 하나면 잠자리는 충분하다고 새들이 일러주네

미안하지만 무욕을 배우기가 어렵지 않네

하루의 모서리마다 햇빛이 꽉 차 있어 마음 넉넉하네

나는 그것을 색동 하루라 부르네

눈부신 허공에는 집을 지어도 좋을 땅이 많네

나는 마음으로는 그 집의 안방까지 다 다녀왔네

해는 늘 음악적으로 지네

복사꽃

 초승달 귀고리를 단 복사꽃이 울타리 아래 피고 메밀껍질만한 검정 운동화가 뜨락에 놓여 있으면 그만 그 자리에 돌멩이처럼 눌러앉고 싶었다 나의 봄은 늘 그렇게 왔다

 빨랫방망이 들고 뒷도랑에 나간 너를 기다려 버언즈의 시 한 편을 다 베껴놓아도 네가 돌아오지 않아 비비새 우는 탱자울만 수 식경을 바라보았다 나의 봄은 늘 그렇게 왔다

 잘못을 저지른 것도 아닌데 알 낳은 암탉은 자지러지게 울고 분홍이 뢴트겐처럼 내 안을 뚫고 지나갈 때마다 나는 무너지는 기다림의 둑을 막느라 가슴의 모래언덕을 다 옮겨놓았다 나의 봄은 늘 그렇게 왔다

 버드나무 가지에 둥지를 짓는 새들이 아직 안 온 다른 새를 기다리는 눈빛을 보고 저것이 세상에서 제일 아름다운 빛이라고 생각할 때는 눈시울이 먼저 젖었다 그런 날은 마음이 텅스텐처럼 반짝였다

 패랭이꽃이 소꿉상(床)처럼 핀 마당귀에 가조흰줄나비가 날아다녔다 그 환한 분홍 뒤에도 어둠은 잿빛으로 오고 산그늘이 조금만 쉬어가자고 조르는, 솥 안에 잦아진 쌀밥 같은 오월은 복사꽃만 무진장 피워놓고 갔다 나의 봄은 늘 그렇게 왔다

6월

석류꽃 그늘 속으로 금계랍 스무 알이 투두둑 떨어진다

아씨갓줄나비가 노란 엽서를 물고 날아간다

석류꽃이 붉은 등잔불을 켜 놓고 고음의 트럼펫을 분다

손바닥 안에 쏙 드는 작은 시집 한 권만은 꼭 읽겠노라고

노랑나비들이 그늘과 햇빛 속을 번갈아 날아 다닌다

한 페이지만 넘기면 7월이다

색에 대한 명상

흰색은 다뉴브강 둑을 걷는 부다페스트 여자의 블라우스를 생각게 한다

노랑은 프리드리히 레오폴드 노발리스의 시, 첫사랑에 눈뜬 비엔나의 소녀를 떠올리게 한다

남색은 프랑스 요리시간, 메조 소프라노, 채광창으로 들어오는 아침빛을 연상시킨다

보라는 보들레르의 식사시간, 희랍신화, 일곱 살 적 수두자국을 기억나게 한다

초록은 오늘 전근 온 여선생님의 운동화, 돌담 아래 떨어진 엽서, 채색 판화집을 생각나게 한다

참새

참새는 노래 봉지다
그 작은 봉지 안에 백 통의 악보가 들어 있다

저렇게 착한 딸들을
일찍이 나는 본 적이 없다

참새는 박자 제조기다

어둠이 오면 가벼이 감을
저 초롱초롱한 눈도

포스근한 깃털 속의
저 작은 평화도

만년필

　나는 완두콩 익는 시간 염소똥 뒹구는 풀밭 뜸부기 우는 소리 들깻잎 따는 오전 같은 말을 만나면 즐거워진다

　시월 낙엽 섣달 흰눈 싸리 울타리 초가처마 장작 더미 문풍지 나무옹이 같은 말을 생각하면 따뜻해진다

　햇빛 냄새가 향기롭다고 쓰는 것은 비유가 아니다 햇빛을 손바닥에 얹으면 손바닥이 햇빛에 환히 물든다

　개나리와 앵두가 서로 흠모한다고 쓰면 정말 개나리와 앵두가 마주 보며 사랑하는 것 같다

　저녁연기 나는 곳으로 너를 데리고 가서 저녁연기에 네 머리를 감겨주면 좋겠다 네 머리카락에 연기냄새가 오래 배어 있으면 좋겠다

　만년필로 편지 써본 지 참 오래되었다 하얀 편지지 사다 파란 글자로 다섯 줄의 편지를 쓰면 하루가 꼬리연처럼 길어지겠다

　영희 필순이 남이 분숙이 외선이 길자 정님이 향자 초등학교 때 걸상을 같이했던 아이들 이름 떠올리면 마음에 물오른다, 한움큼의 온기

목요일엔 나비가 놀러온다

대문을 활짝 열어놓아야 한다

목요일은 나비가 놀러오는 날이다

목청 큰 벌들은 내일 와 달라고

미리 통기해 두자

동박새 직박구리는 머리 좀 감고

모래쯤 오라고 전보를 치자

치마가 넓어 가시에 잘 걸리는 바람은

오늘 와도 좋다

망사저고리에 이슬이 마르기 전에

환영 나비, 라고

울타리에 햇빛 현수막을 걸어놓고

꽃들은 피어난다

오늘이 무슨 요일인가 묻지도 않고
꽃들은 피어난다
최소한 작년보다는 더 잘 피려고 마음 고쳐먹으면서
꽃들은 피어난다
거기가 벼랑인지 담장인지 가시덩굴인지 묻지도 않고
꽃들은 피어난다
제 이름이 무엇인지도 모르고 모름지기 붉게 서럽도록 희게
꽃들은 피어난다
언제 지면 되느냐고 묻지도 않고
언제까지만 예쁘면 되느냐고 묻지도 않고
꽃들은 피어난다
뿌리에서 올라와 뿌리의 생각을 잊어버린 채
누구의 시에 제 이름이 씌어질지도 모르는 채
꽃들은 피어난다
지상에서 제일 짧고 아름다운 것이 제 생인 줄도 모르고
꽃들은 피어난다

이슬

아무 것도 사랑하지 않았으므로
저 순결에 도달할 수 있었다
아무 것도 먹은 맘 없었으므로
저 순결에 도달할 수 있었다
나락이 어딘 줄 모르므로 공중에 매달릴 수 있었다
누굴 한 번 지독히 사랑한 적도 미워한 적도 없었으므로
저리도 투명한 몸일 수 있었다
숨어서 지내는 일생이 전부인 물방울
피마저 하얘서 물방울인 이슬
가시에 찔리면 제 피를 어디에 잠궈 두나

시집 놓인 책상

책을 열면 오래 참은 음악이 뛰어나온다

다리의 솜털에 꿀을 묻힌 벌들이 음계를 물고 날아간다

멀리서 쫓아온 햇빛이 창문을 급히 두드린다

시집 놓인 책상에는

빨간 리본으로 묶은 생일선물 같은 글이 있다

글의 가슴이 다 만져진다

측백나무 숲으로 새똥 묻은 아침이 온다

잠자던 영혼이 햇빛을 받아 깨어난다

페이지를 넘기는 가슴이 뛴다

소망

실핏줄까지 다 들여다보이는 시를 쓰고 싶다

시 아닌 것은 아무 것도 담기지 않은 시를 쓰고 싶다

오늘 아침 새로 솟는 옹달샘물 같은 시를 쓰고 싶다

꽃향기도 마다하고 혼자 놀러온 실바람 같은 시를 쓰고 싶다

단 한 편이라도 좋으니

태어나 처음 보는

산토끼 눈에 담긴 파란 하늘 같은 시를 쓰고 싶다

채송화를 부르는 여덟 가지 말

알록달록한 마음이었을 것이다 오밀조밀한 마음이었을 것이다 사뿐사뿐한 마음이었을 것이다 꽃삽 하나에 찰찰 넘치는 은모래의 이름들

채송화
하루살이꽃
앉은뱅이꽃
땅꽃
뜸북꽃
솔잎모란
나비서방꽃
잔디부채꽃

한 꽃에 새긴 여러 마음들
맨 처음 불렀을 붉고 둥근 입술
처음 둘은 국어사전에 다음 둘은 식물사전에 그 다음 둘은 백과사전에 나머지 둘은 어느 꽃밝은 아침에 떨어진 단추를 줍듯 내가 주운 이름 채송화를 부르는 여덟 가지 이름

제2부 가을 시

사랑하는 사람은 시월에 죽는다

시월은 반짝이는 유리조각으로 내 발등을 찌른다
아픈 사람이 더 아프고 울던 벌레가 더 길게 운다

시월엔 처음 밟는 길이 오래 전에 온 길 같고
나에겐 익숙한 작별들이 한 번 더 이별의 손을 흔든다

노랑 양산을 펴들고 있는 저 은행나무에게도
푸름은 연애였을 것이다

초록으로는 다 말 못한 사연
마침내 붉게붉게 태우고 싶을 것이다

아무도 귀뚜라미의 충고를 귀담아 듣지 않을 때
벌레 울음 아니면 누가 한해를 돌 틈에 끼워둘 것인가

유독 나에게만 범람하는 가을엔 핏줄이 다 보이는 시를 읽고
정맥을 끊어 백지에 시를 쓴다

사랑하는 사람은 모두 시월에 죽는다

노을 시간에는 문둥이라도 되어보아야 한다

마음속에 너를 식목한 날은
생의 심줄이 그쪽으로 당긴다

숲에 닿은 길은 비로소 안심하고
별시간까지는 마음놓고 누굴 그리워해도
죄가 되지 않는 시간이다

어둠의 잠옷에 싸여 내 몸이 가벼울 때
아무 것도 속죄할 것이 생각나지 않을 때

참혹하지 않게
내 던진 돌팔매에 맞아 떨어졌던
작은 참새의 날개 밑 온기

문득 낭만처럼 죄가 그리운 노을 시간에는
문둥이, 문둥이라도 되어보아야 한다

작고 가볍고 고요하고 여린

저 들깻대 베는 낫질 소리로

들깻단 묶는 지푸라기 소리로

뽕나무 새잎 갉아먹는 애벌레 소리로

풀잠자리 바지랑대 끝에 날개 터는 소리로

저 장독대 옆 봉숭아 씨앗 터지는 소리로

그 옆 책받침만한 초록 꽃밭에

채송화 씨 흘러내리는 소리로

나는 짝짓기 하는 비단벌레 놀랄까봐

신발 소리도 없이 마당을 거닐 듯 살다 가리

혼자

명대리 지나 토평리

토평리 지나 유등리

누가 밀어낸 것도 아닌데

여기 갈 배추밭처럼 오도카니 갇혀

대덕산 지나 비슬산

비슬산 지나 호거산

더 가면 밀양

더 가면 경주

누가 붙잡아 둔 것도 아닌데

여기 갈 메밀밭처럼 동그마니 갇혀

열매

떨어지는 것들은 착지할 곳을 알고 있다
그들의 영혼이 하늘과 바람에 익숙하기 때문이다
익는다는 것은 우주를 담는다는 말, 그러기에
열매가 떨어질 때 대지는 손을 펴 열매를 받는다
열매 떨어지는 소리는 지구의 숨소리다
시간의 올과 날인 열매여
나뭇잎이 흑백사진처럼 어두운 결별을 흔들어도
13월이 없어 열매는 한 해를 서두르지 않는다
나를 데운 온돌은 거리의 소란을 알지 못하고
어떤 신생과 죽음에도 태연하다
툭-하고 열매 떨어지는 소리가 지붕을 울리면
낙엽 스무 장으로 창을 닦고
미농 바람으로 하루를 쓴다
내일을 기다리는 일을 어찌 손가락으로 헬 것인가
황혼녘엔 내 정맥의 피가 얼마나 붉은가 궁금해
사금파리로 손가락을 찔러 피를 묻힌다
열매의 무게를 손바닥에 올려놓아도
글피 다음에 올 날의 이름을 몰라 부를 수가 없다

고요

 가장 얇아졌다가 가장 두꺼워지는 게 고요라 하면 되겠는지요 찢다가 그만둔 미농지 소리를 고요라 하면 되겠습니까 아니면 차라리 세숫대야에 담아놓아도 넘치지 않는 게 고요라 하면 되겠는지요 보탠다면 바가지로 퍼 소쿠리에 담아놓아도 새지 않는 게 고요라 하겠습니다

 고요의 동생인 적막, 적막의 아우인 정밀, 정밀의 누이인 고독, 나비가 놓치고 간 긴 침묵이라고 바꿔 말할까 보아요 그러나 나무들의 경계를 넘어 날아간 잠자리는 무죄라 말하겠습니다 외출할 줄 모르는 이 고요에게 누가 주소 하나 마련해주실 수 없을까요 발자국 소리도 없는 그가 나 몰래 내 마음을 빠져나갈까 두렵습니다

오후 3시

오지 않는 편지를 기다리며
오후 3시의 뼈를 깎으면
하얀 대패밥이 묻어난다
하루의 뼛가루가 이렇게도 향기롭다
어제를 기억 못하는 오후의 창문들은
오늘이 일생이라고 생각하며 반짝인다
읽던 책이 오후 3시의 초침에 멎어 있다

작명作名

　나는 이름 짓기를 좋아한다네
　내 시에는 내가 지은 꽃이름 새이름이 많이 나온다네
　유리병머리새 각시꽃 물동이풀 단추꽃 댕기새 은비녀꽃 구름할미새가 그런 이름이네
　공중을 텅 비워둘 순 없지 않겠나
　추운 들판을 바람에게만 맡겨둘 순 없지 않겠나
　자네도 이름을 지어보게
　그러면 없던 새가 정말 날아다닐 거네
　없던 꽃이 자네 마당에 차례로 돋을 거네
　식물도감 조류도감을 뒤지는 수고를 아끼게
　정 궁금하거든 내게 편지를 보내게
　내 시집 한 권 은박으로 싸서 소포로 보낼 테니
　그 시집 햇빛 밝은 날 소리 내어 읽기만 한다면
　그 시 한 줄 추운 날 내복처럼 입어주기만 한다면

단풍잎 하나

시월에는 장의차마저 거룩해 보인다

열렬한 것은 모두 죽음에 가깝다

나무가 세상 한복판으로 띄운 편지

단풍잎 하나가 내 어깨에 내려앉는다

단풍잎의 주소가 목전(目前)이다

범어성당 마리아 수녀상 위로 떨어지는 단풍잎

밟으면 단풍잎이 장송곡 소리를 낸다

시 한 줄에 입맞추다

꽃나무의 가계는 대개 슬픔 가족이다
그러기에 꽃나무는 끝기마다 떨켜를 지닌다
부름켜라고도 부르는 아픈 이름
나도 저렇게 여리고 아픈 날을 견딘 적 있다
벼린 낫에 손을 베어 보았고
무명 홑적삼으로 지게도 져 보았다
선생을 하고 시인이 되고 종잇장 같은 일가도 꾸렸지만
혼자 울며 고백하고 싶을 때는
골방에 숨어 시를 썼다
내 평생 그나마 잘 한 일은
말빚 지지 않고 내 색깔의 가슴으로
시 한 줄 쓴 일
나무 쏘물고 햇살은 타래타래
파랑치 남남히 하늘을 색칠하는 날
시 한 줄 써놓고 그 위에 입 맞추다

화가에게

내 너무 만져 다 닳은 고요 한 장을 그려다오

얼굴 흰 낮달이 머물렀을 기다림 한 폭도 그려다오

내가 세들어 살고 싶은 슬픔 한 채도 그려다오

죽은 나무 밑에 묻어둔 비가 한 소절을 그려다오

음악이 끝난 뒤 혼자 남은 정적 한움큼도 그려다오

얼음

얼마나 기다렸으면 가랑잎마저 껴안았겠느냐
얼마나 그리웠으면 돌멩이마저 껴안았겠느냐
껴안아 뼈를, 껴안아 유리를 만들었겠느냐
더는 헤어지지 말자고 고드름의 새 못을 쳤겠느냐
내 사랑도 저와 같아서
너 하나를 껴안아 내 안에 얼음을 만들고야 말겠다
그리하여 삼월이 올 때까지는
한 번 낀 깍지 절대로 절대로 풀지 않겠다
아무도 못 말리는 지독한 사랑 한 번
얼어서 얼어서 해보고야 말겠다

낙화 일순

 꽃이 진다고 쓰는 것은 꽃이 땅으로 돌아간다고 쓰는 것, 꽃이 진다고 쓰는 것은 꽃이 움직인다고 쓰는 것, 꽃이 진다고 쓰는 것은 꽃이 걸어간다고 쓰는 것, 꽃이 고요 속으로 걸어간다고 쓰는 것, 꽃이 진다고 쓰는 것은 꽃이 고요 속에 눕는다고 쓰는 것, 누워서 오래 견딘다고 쓰는 것

 꽃이 진다고 쓰는 것은 꽃의 고요 속에 마음을 맡겨본다고 쓰는 것, 꽃이 진다고 쓰는 것은 꽃의 살갗에 마음을 살짝 얹어본다고 쓰는 것, 꽃이 지면서도 내지 않는 소리를 마음의 귀로 듣는다고 쓰는 것, 움직임이 그쳤을 때 다만 내 눈이 그 빛깔과 향기 속에 오래 머물고 싶다고 쓰는 것

열매 떨어지는 소리는 지상의 악기소리다

열매 떨어지는 소리는 지상의 악기 소리다

설핏 돌아보는 가을의 낯이 취객처럼 붉다

몸을 숨긴 벌레 울음이 풀숲 뒤에서 대패질 소릴 낸다

모본단 옷으로 갈아입고 바쁘게 지나가는 햇살

그늘 속으로 발을 굴리며 떨어지는

열매는 실로폰 소리를 낸다

암소

먼 우렛소리 예감하며
푸른 풀밭에 슬픔 한 채 지으리니

목덜미에 멍에를 건 채
지구에서 가장 작은 평화 한 필 이룩하리니

젖이 불어 맨발이 부어
송아지를 불러

음메, 지상에서 가장 낮은 노래 하나
메아리로 남기리니

버들잎 이불

습관으로 잎을 물들이는 데 백 년이 걸렸다

때가 되면 줄글처럼 뭉텅뭉텅 떨어진다

그래, 시월만 와봐라

나는 기필코 땅 위에

푹신푹신한 담요 스무 장을 펴고 말 것이니

처서處暑

발 시린 벌레들이 신발을 사러 간다

이슬이 물의 뼈를 불러들인다

햇빛 아니고는 아무도 고요 속으로 걸어 들어갈 수 없다

곧 밤이 감춰둔 초록 잠옷이 고요를 입고 걸어 나오리라

어두우면 모든 곡선들이 직선이 되리라

고요 속에서 여름은 제 떠날 채비를 마치리라

여름은 기원전의 나라처럼 회색의 추억으로 남으리라

그러면 그 자리에 우리가 못 만난

서리의 제국이 창궐하리라

다시 인생

낯익은 이름이여, 인생이여

나와 동침한 여자여

나는 어느 광야에서라도 너를 만나면
네 뺨을 후려치리라

돌에 새기지 않으리라
여기, 닳은 베옷의 인생이 다녀갔다고

행복

　무심코 서랍을 뒤지다 옛날 읽었던 편지를 발견하면 행복하리라
　종일 햇볕에 데워진 돌멩이를 주워 호주머니에 넣으면 행복하리라
　금방 숨이 멎은 참새의 가벼운 몸을 양지쪽에 묻어주면 행복하리라
　길에서 혼자 우는 중의 벗은 아이의 손을 잡고 집에까지 데려다 주면 행복하리라
　오늘 부쳐온 새 시집의 따끈따끈한 새 시를 읽으면 행복하리라
　시를 읽다 풀밭에 나가 종일 풀을 먹고 몸이 더워진 염소의 어린 뿔을 만지면 행복하리라

슬픔에 대한 예의

 슬픔, 하고 소리 내어 부르면 슬픔의 얼굴이 환해진다 그럴 땐 그와 함께 조그맣게 살 붙이고 눕고 싶어진다

 슬픔은 이기고 지는 것이 아니다 같이 사는 것이다 묵묵히 견디는 것이다 꾹 눌러 참는 것이다

 슬픔을 사랑하는 것은 자신을 사랑하는 것이다 이 세상에서 가장 사랑스러운 음절 하나를 발음하라면 나는 슬픔, 이라고 발음하겠다

고독이라는 말

고독이라는 말에는 초승달 같은 정적이 묻어 있다
고독이라는 말에는 어제 풀밭에서 밟았던 토끼똥이나
노루귀꽃에 말라가는 새똥 냄새가 난다

모본단 보자기에 싸 누군가에게 보내주고 싶은 고독
그러나 누가 고독의 수취인이 되겠는가
고독은 고요와 적막과 외로움을 되질하는 일

누구든 제비꽃만큼이나 외로워본 뒤에야
고독이 오는 발자국 소리를 들을 수 있다

고독은 가지는 게 아니라 느끼는 것이다
나뭇잎 지는 소리에 싸여 내게 도착한 고독
내 안에서 싹 나고 잎 피어 열매 맺는 고독

아름다운 풍경

나무와 나무 사이에 집이 있다

집과 집 사이에 나무가 있다

나무와 나무 사이에 새가 있다

사람들이 그 아래로 지나간다

손잡은 마음들이 따뜻하다

나는 저 풍경을 어느 시에선가 읽은 적이 있다

시 속의 풍경이 자연보다 더 아름다운 때가 있다

새들이 아침을 데리고 온다

새들이 지저귀면 부리에서 해 싸라기가 떨어진다 초록 빗자루 같은 바람이 마당을 쓸고 가면 나는 톱으로 생나무를 잘라 나무 향기를 집안에 들여놓는다

구름은 단벌이어서 나무에게 빌려줄 옷이 없다 그러나 구름도 심심하면 웃옷을 벗어 나무에 걸쳐놓는다

나무의 어깨에 새가 앉듯이 내 어깨에도 새가 앉았으면 좋겠다 새들이 부리에 햇살을 물고 와, 아저씨, 잘 잤어! 라고 인사하면 좋겠다

나무의 시간

 몸통을 쪼개서 그 안에 꼬깃꼬깃 넣어 둔 분홍 엽서를 놀러 온 새들에게 읽어주는 나무의 시간
 쫑알대는 아침 햇살이 탬버린처럼 동글동글 빛나는 나무의 시간
 다리운동 좀 해야 하루가 거뜬하다고 통통통 튀는 새들이 가지에다 부리를 비비는 나무의 시간
 흔들림만으로도 꽃의 마음을 알게 하는 잎새들이 초록 물결을 해안으로 밀어 보내는 나무의 시간
 이제는 잎사귀 식구가 너무 불어 제 식구 헤기도 힘들다고 투덜대는 나무의 시간
 몸 성할 때 노래나 실컷 부르자고 종일 가지의 현을 켜대는 나무의 시간

◆해설◆
삼라만상과 일체를 이루는 시에 대한 꿈

이승하(시인 · 중앙대교수)

이 시집을 읽을 독자 여러분께

　사사로운 이야기부터 먼저 해볼까 합니다. 이기철 시인이 영남대 국문학과를 정년퇴임하셨다는 말을 남쪽에서 불어오는 바람결에 들은 적이 있습니다. 경북 경산에 있는 영남대와 대구 문단, 그리고 영남어문학회 한국어문학회 등을 돌봐오느라 수고를 많이 하셨는데 이제 시작에 몰두하시겠구나 생각하고 있던 터에 시집 발간 소식을 접하게 되었습니다. 많은 문학평론가 가운데 하필이면 저에게 해설의 글 부탁을 해오신 것을 의아스럽게 생각하다가 시인의 말(머리말)을 읽고 '아, 이런 이유가 있었구나' 하고 고개를 끄덕였습니다.

　저는 근년에 들어 우리 시의 산문화와 장형화, 그리고 지나친 난해성에 대해 우려를 표하는 글을 여러 번 썼습니다. 그래서인지 올해 김달진문학제 때에는 '극서정시'에 대해 몇 마디 발표도 하게 되었고, '작은詩앗 · 채송화'라는 짧은 시 쓰기 운동을 펴는 동인의 동인지 해설의 글도 청탁받기에 이르렀던 것입니다. 서평과 계간평 등을 통해 시조에 대한 글도 종종 쓰게 되었습니다. 이기철 시인께서는 시인의 말에서 "극서정시는 쌀알에 우주를 그려 넣는 미세화의 작업이다. 바래져가는 서정에 색동옷을 입히는 수공手工이다. 별빛으로 수채화를 그리는 공정이다."라고 말씀하셨습니다. 시를 보다 짧게 쓰고자 노력하겠다는 다짐으로 저는 시인의 말을 이해했습니다. 이기철 시인도 저처럼 시가 마냥 길어지고, 음악성을 잃고, 도무지 이해할 수 없는 독백조로 돼가는 현실 상황에 대해 걱정하고 있었던 것이 틀림없습니다.

요즈음에는 고교생 대상 백일장 심사장에 가보면 산문조로 쓴 시를 세 편에 한 편 꼴로 보게 됩니다. 좀 젊은 시인들의 시집에서 서너 페이지 넘어가는 시를 발견하기란 그리 어렵지 않은 일입니다. 열 페이지가 넘는 시를 자랑삼아 발표하는 시인들도 있지요. 시가 음악성을 잃어버린 것은 자유시의 시대이니 그렇다 치더라도 압축성과 간결미를 잃어 산문 읽는 느낌을 주는데, 누가 시집을 사서 보려고 하겠습니까. 게다가 무슨 뜻인지 도무지 해석이 안 되므로 짜증이 날 때도 있고 화가 날 때도 있습니다. 서점에서 시집을 구입해 읽는 독자는 이제 거의 사라져버렸다고 해도 과언이 아닐 것입니다. "독자에게서 멀어져가는 시를 독자의 가슴에 단추처럼 달아두려는 극진한 희원"의 결과물인 이번 시집을 독자 여러분보다 먼저 읽고 그 느낌을 적어보게 된 것을 큰 기쁨으로 생각합니다.

극서정시極敍情詩란 고려대 최동호 교수가 명명한 것으로, 근년에 들어 몇몇 시인들이 쓰고 있는 극도로 짧은 시를 가리킵니다. '짧다'는 것의 기준이 모호하지만 10행 미만이고 각각의 시행이 30자 미만이라고 한다면 이기철 시인의 이번 시집에는 극서정시가 12편 정도 되니까 시집 전체가 '극미極微의 서정시', 혹은 '미니멀 포엠'을 지향하고 있지는 않습니다. 다만 거의 한 편도 예외 없이 서정시임에 역시 이기철 시인은 생래적으로 서정시인이구나 하는 생각을 더욱 굳게 하게 됩니다. 서정시란 말을 주저리주저리 늘어놓는 것이 아니라 할 말 다 못하고 돌아서는 것이지요. 그 말을 내가 했었어야 하는데 하면서 아쉬워하는 것이 서정시의 정신일 것입니다.

시인의 연세를 헤아려보니 어느새 고희를 앞두고 계십니다. 100세 수명의 시대라고 하지만 인생의 황혼기라고 아니할 수 없고, 시인은 이런 시점에 수구초심의 마음을 가지게 되었나 봅니다.

제 일생 한 벌뿐일 잠자리의 날개를
　　증오도 없이 찢었던 유년이 있다

　　　　　　　　　　　　　　　　　　—「마음」 마지막 연

　　영희 필순이 남이 분숙이 외선이 길자 정님이 향자 초등학교 때 걸상을 같이 했던 아이들 이름 떠올리면 마음에 물오른다, 한움큼의 온기
　　　　　　　　　　　　　　　　　　—「만년필」 마지막 연

　시인은 아주 오래 전인, 유년기의 일들을 떠올리고 있습니다. 잠자리의 날개를 증오도 없이 찢었던 유년기의 어느 날과 초등학교 때 걸상을 같이했던 여자아이들 이름을 떠올려봅니다. "만년필로 편지 써본 지 참 오래되어" 이런저런 추억에 잠겨보는 것입니다. 시인이 예전에 낸 시집도 그러한데, 도시적 감수성이나 문명비판적 주제, 실험성 추구 같은 모더니즘적인 요소는 이번 시집에서도 찾아보기 어렵습니다. 그 대신 시인은 자연을 이루고 있는 동식물들에 대한 기억도 떠올리고, 자연과 더불어 살아갔던 농촌공동체 사회에 대한 향수를 예나 다름없이 피력하고 있습니다. 이제부터 자연친화적인 시편들을 감상해보고자 합니다.

　　우리 부르는 이름 가운데 가장 보드라운 이름은 몇 켤레나 될까요
　　풀잎이 백 켤레의 신발을 신고 건너간 풀밭에는 하나의 발자국도 찍혀 있지 않습니다
　　옷 갈아입지 않은 데도 늘 새 옷인 잎들이 또 다림질한 하루를 당겨옵니다
　　너무 깨끗한 몸들이 서로의 이름을 불러 주어 그 해의 가장 아름다운 아침이 열립니다

    누군가가 잎이라 불렀기에 나도 그를 따라 잎이라 부릅니다
    부르다 보면 어느덧 내 몸이 풀잎이 됩니다

                                               ― 「잎, 잎, 잎」 부분

  시집의 앞머리에 놓여 있는 이 시에서 시인은 사람과 풀잎과의 관계에 대한 생각을 펼쳐놓습니다. 김춘수는 "내가 그의 이름을 불러주기 전에 그는 다만 하나의 몸짓에 지나지 않았고, 내가 그의 이름을 불러주었을 때 그는 내게로 와서 꽃이 되었다"고 했지요. 이기철은 누군가가 잎이라 불렀기에 나도 그를 따라 잎이라 불렀는데 부르다 보니 어느덧 내 몸이 풀잎이 된다고 했습니다. 두 시인 모두 꽃과 풀을 저만치 두고 보는 것이 아니라 가까이 다가가 호명하는 순간 꽃과 풀과 혼연일체가 됩니다. 감정상으로만 자연에 자신을 이입하는 것이 아니라 꽃과 풀과 일치되는 경지가 시인들이 꿈꾸는 가장 순수하고도 숭고한 경지일 것입니다. 풀을 흔한 것이라고 대수롭지 않게 보는 시각은 범인凡人의 시각이요 잡풀이라고 뽑는 행동은 농부의 자세입니다. 시인은 꽃과 풀과의 합일을 꿈꾸는 자입니다. 시인은 또한 자연이 들려주는 온갖 소리에 귀를 기울이고 있습니다.

    열매 떨어지는 소리는 지상의 악기 소리다

    설핏 돌아보는 가을의 낯이 취객처럼 붉다

    몸을 숨긴 벌레 울음이 풀숲 뒤에서 대패질 소릴 낸다

    모본단 옷으로 갈아입고 바쁘게 지나가는 햇살

    그늘 속으로 발을 굴리며 떨어지는

열매는 실로폰 소리를 낸다

— 「열매 떨어지는 소리는 지상의 악기 소리다」 전문

  시인에게는 열매 떨어지는 소리가 지상의 악기 소리로, 특히 실로폰 소리로 들립니다. 벌레들의 울음은 대패질 소리로 들립니다. "거리의 소란"(「열매」)과 달리 시골에서 듣게 되는 소리는 모두 음악이고, 그 음악은 멋진 화음을 이루지요. 암소가 송아지를 부르는 소리 '음메'는 "지상에서 가장 낮은 노래 하나"(「암소」)입니다. 하하, 시인은 참새를 "노래 봉지"라고 했습니다. 얼마나 재미있는 표현입니까. 그 작은 봉지 안에 "백 통의 악보"가 들어 있습니다. "박자 제조기"인 참새는 "포스근한 깃털 속"에 작은 평화를 간직하고 있습니다(「참새」). 시인은 다음과 같이 본격적으로 소리 채집에 나섭니다. 영화 〈일 포스티노〉에서 우편배달부 마리오가 파블로 네루다에게 고향의 온갖 소리를 녹음기에 담아 선물하듯이.

저 들깻대 베는 낫질 소리로

들깻단 묶는 지푸라기 소리로

뽕나무 새잎 갉아먹는 애벌레 소리로

풀잠자리 바지랑대 끝에 날개 터는 소리로

저 장독대 옆 봉숭아 씨앗 터지는 소리로

그 옆 책받침만한 초록 꽃밭에

채송화 씨 흘러내리는 소리로

나는 짝짓기 하는 비단벌레 놀랄까봐

신발 소리도 없이 마당을 거닐듯 살다 가리
―「작고 가볍고 고요하고 여린」 전문

 시인이 채집한 여섯 가지 소리는 지금도 이 나라 시골 여느 마을에 가서도 들어볼 수 있는 소리일 것입니다. 그 소리가 짝짓기 하는 비달벌레를 놀라게 할까봐 시인은 걱정이로군요. 그래서 신발 소리도 없이 마당을 거닐듯 "살다 가리"라고 다짐합니다. 각종 소리에 대한 관심, 즉 청각적 이미지에 대한 연구는 이번 시집에서 지속적으로 행해지고 있는데 "좀알대는 아침 햇살이 탬버린처럼 동글동글 빛나는 나무의 시간"(「나무의 시간」) 같은 구절은 가장 완벽한 공감각인인 표현이라고 생각합니다.

 이상 몇 편의 시를 보니 자연을 이루고 있는 것들, 즉 스스로[自] 그러한[然] 것들이 각자 다툼 없이 잘 살아가기를 시인은 소망하고 있고, 시인 스스로도 그것들을 괴롭히지 않고 조용조용히 살다 갈 것을 원하고 있습니다. 자연의 것들도 사실은 약육강식과 적자생존의 법칙에서 벗어날 수가 없겠지만 이기철의 시에서는 고통과 고뇌, 상처와 상실은 좀처럼 찾아볼 수 없습니다. 화음은 조화입니다. 조화로운 세계를 지향하고 있는 시인에게 자연의 것들은 제 영역에서 별 욕심 없이 자족하며 살아가고 있습니다. 옛 선비들이 추구한 천석고황 내지는 안빈낙도의 경지인 것이지요.

 이번 시집에서 연가풍의 시도 여러 편 눈에 뜨입니다. 연애감정은 "초등학교 때 걸상을 같이했던 아이들 이름 떠올리면 마음에 물오른다, 한 움큼의 온기" 같은 소박한 것이 아닐까요. 기억의 우물 깊은 곳에 두레박을 내려 시인은 가슴까지 서늘하게 하는 사랑의 물을 길어 올리려는 것인가요? 아니, 추울 때 더 따뜻해지는 그 감정은 이제는 모두 추억의 조각일 뿐, 되살리기가 쉽지 않습니다.

> 잡기장을 찢어 쓴 비뚤비뚤한 연필 글씨에는
> 그 애의 머리카락 냄새가 난다
> 그 말을 쓰려고 그 애는 스무 번은 망설였을 것이다
> 그 애의 입술이 동그랗게 읽은 말이 여기까지 오느라
> 발이 아플 것이다
> 봉투를 뜯자마자 채송화 씨가 쏟아져 나온다
> 아니다, 그 애의 숨소리가 쏟아져 나온다
> 아니다, 자박자박 그 애의 맨발이 걸어 나온다
> 안 볼 때 내 마음속 서른 바퀴를 돌고 간 그 애가
>
> ―「채송화」전문

"안 볼 때 내 마음속 서른 바퀴를 돌고 간 그 애"라고 했으므로 두 사람 사이에 무언가가 있기는 있었나 봅니다. 마치 황순원의 「소나기」에 나오는 소년 소녀처럼 말입니다. 봉투 속에 어떤 사연이 들어 있는지 모르겠는데, 봉투를 뜯자마자 채송화 씨가 쏟아져 나온다고요? 아니, 그 애의 숨소리가 쏟아져 나오고, 그 애의 맨발이 걸어 나온다고 하셨네요. 어떤 아쉽고 안타까운 추억이 있었는지, 저는 알 수가 없습니다. 유년기의 추억을 더듬은 시가 있는가 하면 아름다운 사랑의 기억도 더듬고 있습니다. 그러고 보니 동양에서 시의 기원으로 삼고 있는 『詩經』에는 남녀상열지사가 아주 많이 나오지요. 중국인들은 사랑의 시, 구애의 시, 이별의 시, 질투의 시, 배신의 시, 원망의 시, 정념의 시를 2500년 전에도 3000년 전에도 썼던 것입니다.

내 사랑도 저와 같아서
너 하나를 껴안아 내 안에 얼음을 만들고야 말겠다
그리하여 삼월이 올 때까지는
한 번 낀 깍지 절대로 절대로 풀지 않겠다
아무도 못 말리는 지독한 사랑 한 번
얼어서 얼어서 해보고야 말겠다

— 「얼음」 후반부

  얼음의 속성 중에는 꽉 잡아 붙드는 것이 있지요. 그처럼 삼월이 올 때까지는 깍지를 "절대로 절대로 풀지 않겠다"고 다짐합니다. 그런데 이 세상에 영원한 사랑이란 있을 수 없습니다. 회자정리라고, 이별이 아니라면 사별이라도 하는 것이 인간과 인간 사이의 사랑의 역사인 게지요.

낯익은 이름이여, 인생이여

나와 동침한 여자여

나는 어느 광야에서 너를 만나면
네 뺨을 후려치리라

돌에 새기지 않으리라
여기, 닳은 베옷의 인생이 다녀갔다고

— 「다시 인생」 전문

  시적 화자는 사랑이 가져다준 회한에 가슴아파합니다. 시간은 어떤 상처라도 아물게 하지요. 하지만 흉터를 남깁니다. 그 흉터를 간직한 채

다시금 새로운 출발선상에 서 있는 화자를 보게 되니 제가 겪은 일인 양 설움에 잠기게 됩니다. 아, "유독 나에게만 범람하는 가을엔 핏줄이 다 보이는 시를 읽고/ 정맥을 끊어 시를 쓴다"(「사랑하는 사람은 시월에 죽는다」)고 하니, 어떤 사연인지는 알 수 없지만 잠시 소름이 온몸을 훑고 내려갑니다. 화자는 이제 가슴에만 너를 식목하게 됩니다.

> 내를 건너다 문득 생각나는 이름처럼
> 내를 건너면 홀연 잊어버리는 이름처럼
> 너를 심고 너를 꽃피울 내 깊은 어느 곳
> 오늘은 어떤 삽날도 닿지 못할 깊은 뒤쪽에
> 형언의 삽으로 너를 심나니
>
> ―「너의 식목」 후반부

너를 가슴속에 식목한다는 것은 은유적인 표현인데, 이승에서는 이루어지지 않을지라도 죽는 날까지 잊지는 못하겠다는 뜻이 아닐까요. "너는 때로 보석이었다가 때로 넝마이었다가/ 때론 석영이었다가 때론 진흙이었다가,/ 너는 나의 안이고 바깥이었다가/ 나의 영원이고 수유였다가"가 나오는 이 시는 이 땅의 수많은 연애시 가운데서도 절창이라고 생각합니다. 저도 더 나이 먹기 전에 이 시의 화자와 같은 처절한 사랑 한번 해보고 죽는다면 미소 지으며 죽어갈 수 있을 듯합니다. 아무튼 시인은 "슬픔을 사랑하는 것은 자신을 사랑하는 것이다 이 세상에서 가장 사랑스러운 음절 하나를 발음하라면 나는 슬픔, 이라고 발음하겠다"(「슬픔에 대한 예의」), "고독은 가지는 게 아니라 느끼는 것이다/ 나뭇잎 지는 소리에 싸여 내게 도착한 고독/ 내 안에서 싹 나고 잎 피어 열매 맺는 고독"(「고독이라는 말」) 하면서 생의 황혼기에 찾아오는 슬픔과 고독에 젖어보기도 합니다. 고희를 앞둔 연세에 재기발랄한 시를 쓸 수는 없는 노릇이지요. 이제는 회고와 성찰, 관

조와 명상의 시간을 갖는 것이 순리일 것입니다. 그런데 제가 놀란 것은 이번 시집에서 이기철 시인은 '시'를 다룬 시를 근 10편에 걸쳐 쓰고 있다는 점입니다. 시나 시집이 그 시의 소재나 주제의 역할을 하고 있습니다.

> 시는 녹색 대문에서 울리는 초인종 소리를 낸다
> 시는 맑은 영혼을 담은 풀벌레 소리를 낸다
> 누구의 생인들 한 편의 시 아닌 사람 있으랴
>
> ―「시 읽는 시간」 도입부

> 내 시에는 내가 지은 꽃 이름 새 이름이 많이 나온다네
> 유리병머리새 각시꽃 물동이풀 단추꽃 댕기새 은비녀꽃 구름할미새가 그런 이름이네
> (중략)
> 정 궁금하거든 내게 편지를 보내게
> 내 시집 한 권 은박으로 싸서 소포로 보낼 테니
> 그 시집 햇빛 밝은 날 소리 내어 읽기만 한다면
> 그 시 한 줄 추운 날 내복처럼 입어주기만 한다면
>
> ―「작명」 부분

시인은 그러니까 하루 온종일 시를 생각하고 있었던 거로군요. 이 세상 삼라만상과 온 세상 사람들이 다 편편의 시인 것이며, 온갖 사물에 새 이름을 붙이는 명명가가 바로 시인임을 알 수 있습니다. 시인은 "시를 읽다 풀밭에 나가 종일 풀을 먹고 몸이 더워진 염소의 어린 뿔을 만지면 행복하리라"(「행복」)고 말합니다. 이것 역시 자연과의 혼연일체에서 최상의 기쁨을 얻는다는 뜻인데, 문제는 시를 읽다가 그런 충동을 느낀다는 것이지요. 어느 때는 "내 평생 그나마 잘 한 일은/ 말빛 지지 않고 내 색깔의 가슴으로/ 시 한

줄 쓴 일"(「시 한 줄에 입맞추다」)이라고 말합니다. 젊은 날의 시편에는 별로 보이지 않았는데, 오히려 이 시점에서 이기철 시인은 시 쓰기에 용맹정진하기로 하셨나 봅니다. 그래서 "시집 놓은 책상에는/ 빨간 리본으로 묶은 생일 선물 같은 글이 있다/ 글의 가슴이 다 만져진다"(「시집 놓인 책상」)고 하신 것이 아닐까요. 또 한 권의 시집을 내는 시인의 소망은 도대체 무엇일까요.

    실핏줄까지 다 들여다보이는 시를 쓰고 싶다

    시 아닌 것은 아무것도 담기지 않은 시를 쓰고 싶다

    오늘 아침 새로 솟는 옹달샘물 같은 시를 쓰고 싶다

    꽃향기도 마다하고 혼자 놀러온 실바람 같은 시를 쓰고 싶다

    단 한 편이라도 좋으니

    태어나 처음 보는

    산토끼 눈에 담긴 파란 하늘 같은 시를 쓰고 싶다
                                                        ― 「소망」 전문

  참으로 소박한 소망입니다. 시인의 소망은 바로 자연과 혼연일체를 이룬 시, 자연 그 자체인 시를 쓰고 싶다는 것입니다. 이 세상에서 가장 정갈한 시, 청정한 시를 쓰고자 하는 소망은 사실상 이룬 것입니다. 이번 시집의 시 편편이 바로 그런 시이니까요.
  도시에 삶의 터전을 마련한 지도 수십 년이 되었을 텐데 왜 이렇게 자연

친화적인 시를 쓰고 있을까 생각해보았습니다. 꽃이며 새며 나비며 도랑물이며 하는 것들은 모두 제 욕심을 채우려고 주변의 것들을 해코지하지 않는 것들이지요. 그런 자연 속의 것들한테서 위안을 얻고 지혜를 구하는 시인은 어느덧 자연으로 귀의한 것입니다. 시인의 귀거래사가 이번 시집으로 끝날 것이 아님을 잘 알고 있습니다. 시에 대한 각오가 이렇게 남다른데 이제 대학교수라는 짐도 내려놓았고, 더욱 세심하게 자연을 관찰하리라고 봅니다. 다음 시집에서는 세속사회의 소음도 들려주리라 기대해도 될는지요.

자, 여러분과 함께 시를 읽어가며 제가 들려드린 이야기는 여기서 일단 매듭을 짓습니다. 제가 언급하지 않은 시는 여러분의 차분한 독서를 기다리고 있습니다. 그리고 제가 언급한 시도 여러분의 다른 해석을 기다리고 있습니다. 시 읽기란 미지의 독자가 미지의 시인과 나누는 무언의 대화인 것, 그 대화의 중간에 껴들어 군소리를 늘어놓아 송구스럽습니다. 이번 시집 독서를 계기로 이기철 시인이 앞서 낸 시집에 대한 관심을 부탁드립니다. 『청산행』이나 『내가 만난 사람은 모두 아름다웠다』 등은 번민의 소용돌이, 갈등의 틈바구니에서 몹시 지쳐 있는 여러분들을 마음 편히 쉴 수 있는 시골집이나 숲으로 모셔갈 것입니다. 그 청정한 공간에서는 산새 울음소리와 도랑물 내려가는 소리가 들릴 것입니다.

> 가랑잎 편지 두어 장 들고 가는 도랑물
> 저 짜랑짜랑한 목소리에 씻겨
> 산새 울음이 바늘 끝 같다
> 네 살 떼어 붉은 꽃 만드는 나무도 있으련만
> 여리고 아파라, 저 하얀 맨발
> 아직도 참꽃 뿌리를 만지며 놀고 싶은 도랑물
> 저렇게 천천히 가면 강까지는 일생이 걸리겠다
>
> ─「도랑물」 후반부